MasterChef PsicoSocial
Recetas pedagógicas para alimentar el bienestar emocional y los valores humanos

César García-Rincón de Castro
2024

MasterChef PsicoSocial.
Recetas pedagógicas para alimentar
el bienestar emocional y los valores humanos.
© César García-Rincón de Castro, 2024
ISBN: 979-8880001545
Edita: Prosocialia
www.prosocialia.org

Índice

Mi vida está vinculada a la cocina desde los inicios. La cocina de casa, ese lugar de conversaciones, de invenciones, de aprovechar lo que hay, del milagro de hacer mucho con poco, de encuentros y algún que otro desencuentro, de confidencias también, de personas que pasaban por mi casa, donde la cocina era visita obligada, una casa abierta a todos y todas, de una familia bastante numerosa. Esa cocina ha sido lugar de grandes aprendizajes.

Una cocina que fue hospitalidad, posada samaritana, lugar de acogida de personas que encontraban una "cucharla de charlar" y de escuchar. Recuerdo especialmente a Lola, la gitana del barrio que pedía limosna los sábados en la parroquia y en el mercado del barrio. Antes pasaba por mi casa a tomar un café con "la Jose", como llamaba ella a mi madre, Josefa Rincón de Castro.

Tener una madre cocinera, tanto en lo familiar como en lo profesional, y también catequista y *activista social* de su época en el barrio (hablamos de los últimos años del franquismo), que organizó y convocó una manifestación de madres de familia para cerrar un colegio que se caía de viejo... y lo acabó cerrando). Todo ello ha influido bastante en la metáfora con la que, desde hace ya 15 años, me presento ante el mundo y, en concreto, ante tantos educadores y educadoras que visitan regularmente mi canal de YouTube y mi proyecto de recetas pedagógicas llamado *Cocinando Aprendizajes,* todo ello con una "masa madre humanista y humanizadora".

Ya en mi vida profesional, tuve ocasión de trabajar en algunos proyectos formativos y profesionales vinculados a la restauración, como por ejemplo, coordinar y gestionar durante 3 años, todas las actuaciones musicales en vivo, de los restaurantes *La Alpargatería* en Madrid, con cocina italiana. Yo elaboraba los menús musicales de 5 restaurantes distintos, con actuaciones todos los lunes, martes, miércoles y jueves. Y parte importante de mi trabajo era ir recorriendo todos los restaurantes, de forma rotatoria, comprobando la calidad de las actuaciones, los equipos y, sobre todo, el feedback de los clientes, porque la música en vivo era ese *menú emocional,* esa pizca de sal que aderezaba su experiencia, más allá del alimento fisiológico.

También, el contacto constante y directo con los camareros/as, personal de cocina, encargados/as, me ayudó a conocer más y mejor este mundo de la *hospitalidad,* que se define como *atender las necesidades de los que periódicamente están fuera de sus hogares.* Porque, efectivamente, la hostelería tiene la misma raíz que la hospitalidad. La palabra hostelería tiene el significado de "servicio de alojamiento y comida para viajeros" y viene del francés hostellerie = "casa de huéspedes", y este del latín *hospitalis* = "relativo a los huéspedes".

Todo ello siempre me llamó bastante la atención, tal vez porque atender y servir a otros, es al final lo que profesionalmente he realizado y predicado a través de mi profesión del *trabajo social* y la educación-sociología.

Este libro tiene mucho de todo ello: se trata de una serie de dinámicas de grupo y propuestas didácticas bajo una metáfora de cocina y hostelería. Dinámicas que han sido todas ellas cocinadas a fuego lento, y servidas ya en muchos cursos y acciones formativas, comprobando así su eficacia en lo que se refiere a alimento pedagógico.

Todas ellas tratan temas del ámbito de lo psicosocial, de ahí el título de "MasterChef PsicoSocial" que he puesto al libro. Sonaban mejor otros títulos como "La cocina de las emociones" o "Los fogones del amor", tal vez más aptos desde la lógica del marketing actual, pero también menos precisos para resumir y significar de lo que aquí se habla. Y como este libro es también producto elaborado, a mí me gusta, cuando voy a un restaurante, que el plato que pido responda a lo que pone en el menú, y no me traigan algo muy distinto de lo que imaginé al leerlo, que alguna vez me ha pasado.

Asuntos pedagógicos como la *inteligencia emocional*, la *gestión de conflictos*, los *valores humanos*, las *relaciones humanas*, el *cuidado* de uno mismo y de los demás, la *atención al cliente*, el *buen trato*, la *motivación humana*, el *sentido de la vida*, el *compromiso social* o el *servicio a los demás*, se dan cita en este recetario pedagógico con metáforas de cocina bastante sugerentes y comprensibles.

Es mi deseo, como Cocinero de los Aprendizajes, que todas estas recetas sigan alimentando el bienestar emocional y los valores humanos, ingredientes esenciales para una vida plena y buena, una vida *cocinada, saboreada y vivida a fuego lento*, tal y como expreso en el subtítulo de este libro.

César García-Rincón de Castro
Febrero de 2024

LA SARTÉN DE LOS CONFLICTOS

Tener la sartén por el mango es una expresión popular de la lengua española que significa tener el control y el dominio de una situación, tener el poder en la gestión de dicha situación y de las personas implicadas en ellas.

Si aplicamos esta metáfora a la gestión de conflictos nos puede ser de gran utilidad, dado que la sartén es donde está el problema o conflicto, y además por lo general está caliente, es algo que nos puede quemar. El mango del control de esa situación conflictiva nos permite, por tanto, controlar y gestionar el conflicto sin quemarnos y sin quemar a otros, sin provocar accidentes.

Se me ocurre que, al menos, hay tres utilidades del mango de la sartén que podemos aplicar a la gestión de conflictos en nuestra vida cotidiana:

1. **Evitar quemarse, dañarse y dañar a otros**. El mango simbolizaría todos aquellos lenguajes, comportamientos y estrategias que nos ayudan a gestionar el conflicto de forma

no violenta, sin quemarnos ni quemar a la otra parte. Por ejemplo, no personalizar ni juzgar al otro, hablar más bien de los comportamientos o hechos que no nos han gustado, pero sin entrar a valorar las intenciones, motivos y la personalidad de la otra parte.

2. **Manejar y gestionar adecuadamente el contenido de la sartén, el contenido del problema en caliente**, al poder moverlo y darle la vuelta. El mango, efectivamente, permite mover y manejar lo del interior de la sartén en caliente, gestionar por tanto las emociones intensas en un primer momento, con técnicas cognitivas de auto-control interno y también con técnicas y herramientas fisiológicas de control y atenuación de los síntomas, como la respiración consciente y pausada, la relajación, o sencillamente salir y andar un rato.

3. **Trasladar el contenido de la sartén de un lugar a otro, retirarlo del fuego y ponerlo en frío** en otro contexto donde lo podamos analizar y manejar mejor. Representaría nuestras estrategias de análisis y resolución de problemas, como el círculo de los puntos de vista, el análisis de patrones de conflictos, el diálogo con todas

las partes implicadas, para determinar el origen o causa del problema, dado que un problema bien definido, es un problema resuelto.

Teniendo claras estas ideas, ya sólo nos queda presentarnos en la reunión, encuentro terapéutico o espacio formativo con la sartén y comenzar la dinámica de la siguiente manera:

1. Explicamos que nuestro conflicto o problema está dentro de la sartén, y es algo que nos quema, que nos preocupa. Vamos anotando en tarjetas o notas adhesivas que situaremos dentro de la sartén, todas aquellas cosas que nos molestan, nos alteran, nos encienden, de este conflicto, esas cosas que nos pueden acabar quemando, tanto como perjudicados directos como indirectos.

Adicionalmente podemos hablar de la tapadera de la sartén o del conflicto: evita que se vea, se oculta (de ahí la tapadera), pero sin embargo genera más calor, presión y combustión en el conflicto. Si hubiese tapadera en el mismo, añadimos una tapadera a la sartén, y situamos en la misma notas adhesivas de aquellos comportamientos que observamos de mirar hacia otro lado, o esconder el conflicto, taparlo para no afrontarlo, negarlo, etc.

2. Presentamos la idea del mango de la sartén, o tener la sartén por el mango, invitando a identificar todas aquellas ideas y estrategias que nos permitirán manejar esa situación adecuadamente para no quemarnos nadie en este conflicto. Y lo haremos en dos tiempos:

a) *Manejo de las emociones intensas* que nos produce: nos comprometemos todos y todas a no avivar ese fuego, a controlarlo dentro de nosotros también. Identificamos en notas adhesivas cómo nos sentimos con este conflicto, que emociones causa en nosotros, y las situamos debajo de la sartén, en el fuego de la misma. Decimos que esto suele ser invisible, pero sin embargo está ahí, y conviene ponerle nombre y hacerlo visible. Es el primer paso, serenarnos y bajar la intensidad para poder afrontarlo mejor.

b) *Análisis en frío del conflicto* una vez que hemos identificado y el fuego, lo hemos reducido poco a poco al mínimo y hemos retirado la sartén del mismo, utilizamos algunas técnicas para analizarlo y resolverlo, como los sombreros de pensar de E. De Bono (ver el capítulo Seis Sombreros para Cocinar, más adelante), la mediación, la comunicación no violenta, etc. Ahora entonces, en frío, vamos a ir analizando todo lo que hemos puesto dentro de la sartén en el paso 1, para con ello identificar bien el problema o conflicto, así como las posibles tapaderas o distorsiones del mismo, tratando de definir bien el problema para solucionarlo mejor y prevenir con ello que vuelva a suceder, poniendo los medios, actitudes y recursos que consideremos.

COLADOR, CAZUELA Y BATIDOR

¡Qué importante es escuchar! En la cocina y en la vida. Ciertamente las cocinas de las casas son lugares donde se hace mucha vida, más incluso que en la sala de estar y en las distintas estancias. La cocina, donde preparamos y cocinamos el *ágape*, es lugar de conversaciones importantes, de confidencias, de buenos momentos: es lugar de eso que la psicología llama el saboreo de las experiencias, lugar donde dichas experiencias se prueban antes, se aderezan con la medida justa, para contentar a todos los comensales. Todos y todas tenemos también nuestra cocinilla particular preparatoria de lo que luego ofrecemos y compartimos a los demás.

Y en estas cocinas de la vida, en las que convivimos con otras personas, la escucha es una herramienta fundamental. De modo que con esta receta pedagógica se pretende *ayudar a las personas a escuchar mejor a los demás* y a escuchar más estratégica y eficazmente desde el conocimiento metafórico de tres tipos de escucha vinculados a *un colador* (escucha selectiva o cualitativa), *una cazuela* (escucha de la totalidad o cuantitativa) y *un batidor* (escucha creativa o interpretativa).

Esta receta pedagógica sirve especialmente para nutrir a personas y profesionales que necesitan reflexionar sobre sus procesos de escucha y adaptar su escucha según el contexto, el contenido y el objetivo de cada interacción social, así como incorporar más tipos de escucha o darse cuenta de que su escucha es siempre del mismo tipo, y por ello no siempre eficaz en todas las situaciones.

¡Vamos entonces a prepararla! Llevaremos al aula o sala de reuniones tres objetos muy característicos en una cocina: un colador, una cazuela y un batidor (el típico para batir el huevo con mango de madera y alambres doblados). Les diremos entonces que hay tres tipos de escucha cuando alguien nos cuenta algo:

Escucha colador. Es la escucha en la que vamos buscando lo esencial, y por tanto ponemos más atención en los datos relevantes o palabras clave. Puede ser interesante para procesos de ayuda donde vamos buscando el origen de un problema, o procesos de investigación orientados por variables definidas previamente. Dichas variables son el colador que va a retener un tipo de datos y va a dejar pasar otros no relevantes en ese momento.

Escucha cazuela. Cuando se trata de escuchar vivencias y experiencias vitales, o bien la reconstrucción fidedigna de un hecho, o una descripción de un lugar, necesitamos hasta el último detalle para poder comprender bien todo el cuadro. En este caso conviene disponer, además del oído humano, de algún soporte adicional o más personas que nos ayuden a captar todos los datos o toda la información.

Escucha batidor. La escucha batidor me parece la más difícil, pero al tiempo la más inteligente y necesaria cuando se trata de resolver problemas de forma rápida o dar pautas eficaces ante un problema para resolverlo. La persona de escucha batidora, al tiempo que va captando información, va generando soluciones y propuestas para su interlocutor. Es también la escucha de los procesos creativos: pintar un cuadro mientras escuchamos una música o escribir una novela que se desarrolla en el lugar en que estamos ahora, escuchando lo que pasa alrededor, los ruidos y sonidos. Esta capacidad de crear algo nuevo con lo que vamos escuchando, viendo, sintiendo, es muy importante también para procesos de terapia y de desarrollo personal.

A partir de esta exposición de los tres objetos y sus funciones, haremos varios equipos de trabajo, mínimo de 4 personas, y cada equipo habrá de trabajar lo siguiente acerca de esta metáfora:

1. ¿Qué tipo de escucha es más eficaz para según que cosas? Poned algunos ejemplos ¿Cuál utilizamos más y cual menos?

2. Preparad una dramatización de una situación en la que alguien esté contando un problema y haya claramente tres tipos de escuchadores: un colador, un cazuela y un batidor.

Al final ponemos en común las conclusiones de cada equipo y *representamos las diferentes situaciones* que han preparado, tratando de adivinar el resto del público, por su forma de escuchar, quién es el colador, el cazuela y el batidor. Lógicamente para ello, han de intervenir en la conversación reformulando y comportándose cada cual según su rol de tipo de escucha.

LA CUCHARLA QUE CHARLA

El recuerdo que tengo yo de la cocina de mi casa, es ese lugar donde se charlaba amigablemente, incluso con los invitados que pasaban por allí. Cierto que teníamos en casa (familia numerosa de 6 hermanos) una cocina grande, con una mesa, donde se hacía mucha vida, incluso como lugar de estudio y trabajo en la mesa. En las cocinas de las casas, muchas veces, se cuentan las cosas más importantes, las confidencias, se toman decisiones "con el estómago", que es nuestro segundo cerebro, según dicen algunos gurús actuales acerca de la relación entre lo *gastro* y lo *neuro*.

Bueno, con esta receta pedagógica se pretende *facilitar la comunicación entre los participantes, de forma distendida y organizada,* al prescribir el *turno de hablar* cada cual y escuchar los demás, así como decidir previamente los temas o preguntas. Aprender a comunicarse sin barreras ni interrupciones, respetando los turnos de palabra.

La vamos a utilizar para *abordar temas de los que nos cuesta hablar* o nos cuesta focalizarnos en ellos. También sirve para centrar la conversación en *temas o cuestiones que nos interesa hablar y reflexionar* con los participantes y no dispersarnos con otros temas.

La *cucharla* representa nuestra "cuchara de charlar", aquella que nos va a ayudar a conversar de forma más ordenada, respetando los turnos, y también de forma menos rígida y más relajada.

Necesitaremos una cuchara de madera, en la que pintaremos una carita sonriente, que simbolizará la cucharla de hablar o charlar, y sólo hablará quien la tenga en su mano, como si fuese el micrófono.

También necesitaremos un plato que tendrá anotados en tarjetas boca-abajo los temas de conversación o preguntas, de modo que antes de empezar a hablar, cada uno de los participantes levantará una tarjeta del plato o "menú de conversación" y sobre dicho tema el resto de participantes irá pidiendo la cucharla de charlar, como si fuésemos levantando la mano para hablar, e irá opinando sobre el tema o respondiendo a la pregunta.

Una vez que se responde, se entrega la cuchara a otro participante que la pida, o bien se deja en el plato a la espera de que otro participante la coja y siga hablando. Cuando se acaba la conversación sobre el tema, seleccionamos otra tarjeta, y así hasta que agotemos los temas.

Dichos temas de conversación los puede haber seleccionado previamente el facilitador porque le interesa tratarlos, o bien son temas que anteriormente también seleccionaron los participantes, según la utilidad y objetivo que deseemos abordar con esta dinámica.

La cucharla puede quedar como recurso y símbolo estable del grupo en el futuro, cuando deseemos hablar sobre temas difíciles o resolver conflictos de forma negociada y hablando-escuchando todas las partes.

LA BANDEJA DEL SERVICIO

La bandeja es una de esas herramientas esenciales en la cocina, sobre todo vinculada al servicio de las cosas que ya hemos cocinado. El propio servicio, el saber hacer y la actitud en el mismo (el saber ser) son también "alimento espiritual" para los demás, son experiencia que, junto con los alimentos, puede hacer que estos estén más ricos o todo lo contrario, nos sienten mal. Todo tenemos experiencia de lo que es un buen servicio, y de un servicio deficiente: de esto va un poco la propuesta pedagógica de la bandeja del servicio.

Con esta dinámica se pretende *ayudar a los participantes a identificar sus cualidades y talentos y ponerlas al servicio de los demás,* utilizando para ello una «bandeja de servir» desde cuyo símbolo-metáfora compartiremos con los demás todo aquello en que podemos serles útiles y servirles.

Es una dinámica adecuada para todo tipo de personas, pero especialmente para personas y grupos de personas que necesitan cultivar y motivar el valor del servicio a otros y la generosidad en compartir las propias cualidades y talentos, más allá de los bienes y cosas materiales, así como desenmascarar los servicios interesados y los servicios poco éticos, es decir, motivados o enfocados hacia objetivos injustos o inhumanos.

¿Cómo la vamos a facilitar? Bien, pues llevaremos al aula *una bandeja redonda de servir* (tipo camarero) que simbolizará estar al servicio de los demás, ponerse al servicio de otros, poner nuestras cualidades y talentos en bandeja para otros.

La podemos utilizar en un primer momento *para presentarnos* si todavía no lo hemos hecho, o bien para presentarnos de otro modo. Utilizaremos esta fórmula: *"Me llamo ... y sirvo para ..."*, de modo que *cada cual irá aportando una cualidad o habilidad especial* al grupo. Al tiempo que lo decimos podemos haberlo escrito en una tarjeta e ir depositando las tarjetas en la bandeja del servicio, que al final simbolizará todo aquello que podemos poner al servicio de los demás, del grupo o equipo.

También podemos hacer una *bandeja de talentos* que aportamos al proyecto que tenemos en común: ¿Cuáles son nuestros talentos como equipo y de qué modo los ponemos al servicio del mismo?

Es importante plantearnos tres preguntas desde la bandeja del servicio, para guiar la reflexión en torno a la misma:

¿Para qué servimos? Todo servicio tiene un objetivo o finalidad, y es importante identificarlo. El servicio suele estar alineado con una misión y unos valores.

¿A quién servimos en realidad? Es importante clarificar al servicio de quién estamos, porque no es lo mismo estar al servicio de los poderosos que estar al servicio de los más desfavorecidos. También podemos añadir la pregunta *¿A quién no servimos que podríamos servir?*

¿Cómo servimos? Los buenos camareros y camareras están atentas a los clientes, son ágiles, etc. No se puede servir de cualquier manera, y por ello debemos plantearnos si nuestro servicio precisa de unas capacidades y competencias para que sea un servicio de calidad.

LOS PLATOS ROTOS DE NUESTRA VIDA

¿Quién no ha roto un plato en su vida? Es una expresión muy española con la que podemos iniciar esta dinámica. Se trata en definitiva de *trabajar esta metáfora que significa que las relaciones a veces* (sobre todo se atribuye a relaciones domésticas de familia o pareja) *se rompen como se rompen los platos*, y luego cuesta mucho pegar esos trozos y volver a recomponerlos.

Es más, generalmente *cuando se rompe un plato lo que hacemos es tirarlo a la basura* y usar uno nuevo: vivimos en esta *sociedad del usar y tirar*, y esto a veces se ve también en el tipo de relaciones que establecemos con los demás.

En *situaciones límites de tensión y conflicto interpersonal*, algunas personas tiran el plato con fuerza al suelo y lo rompen, como llamada de atención y signo de "no aguanto más". Otras veces se nos cae y rompe sin querer.

Desde la metáfora de un *plato roto*, que le puede pasa a cualquiera, con esta dinámica pretendemos normalizar y humanizar los conflictos interpersonales y ayudar a las personas a reparar ese plato uniendo sus trozos en lugar de desecharlo y buscar un plato nuevo, evitando que la filosofía posmoderna del "usar y tirar" desvirtúe las relaciones humanas.

Esta es una receta pedagógica y terapéutica especialmente indicada para parejas, familias y grupos de personas que no saben cómo resolver sus conflictos cotidianos, que no han incorporado comportamientos y soluciones "pegamento", y que a la mínima optan por tirar la toalla, abandonar o buscar otras relaciones nuevas.

Bien, vamos a dar a cada equipo un plato de cartón (reciclado) partido con tijeras en 5 trozos, ni iguales, de forma aleatoria pero teniendo en cuenta que hay que escribir una palabra en cada trozo de plato. Tienen que pensar en una realidad que se rompe: una ruptura familiar, una ruptura personal interior, una ruptura de un equipo, una nación o país, un barrio, etc.

Les decimos que *en cada trozo de plato han de escribir una palabra-tirita o palabra clave que sirva para pegar ese plato*, para recomponer esa realidad rota o fragmentada. Lo que saldrán serán valores y virtudes clave para volver a recomponer esa realidad fragmentada. Le daremos a cada equipo un rollo de cinta adhesiva de pintor (es de papel y se corta bien) para que vaya pegando los trozos de su plato entre sí a medida que encuentran las palabras clave.

También nosotros podemos *definir previamente las situaciones que tienen que recomponer*, por ejemplo si queremos trabajar determinados valores: la amistad rota, el compromiso roto, la esperanza rota... Entonces cada equipo trabajará un valor y sobre cómo recomponerlo con esas palabras clave (comunicación, aceptación, perdonar, autoconocimiento, etc.).

Al final *cada equipo mostrará su plato ya pegado, con las 5 palabras-tirita anotadas en el mismo*, y nos contará cuáles son, de modo que todos aprenderemos de todos.

Como conclusión, con todos los platos, suelo proponer hacer una exposición y ponerle un título sugerente que evoque o inspire siempre la posibilidad de arreglar los platos rotos de nuestra vida. Se me ocurre, a brote pronto, este titular:

"No tires a la basura tus platos rotos, dale una segunda oportunidad a las relaciones humanas, a tu vida, a tus sueños, etc.".

LA OLLA DE LA PRESIÓN EMOCIONAL

Con esta dinámica vamos a ayudar a los participantes a identificar las experiencias y aspectos de sus relaciones con otros que les ponen como una «olla a presión» que podría estallar, y que precisa tanto disminuir el fuego que la calienta como encontrar válvulas de escape para evitar el estallido emocional y sus no deseables consecuencias para uno mismo y los demás.

Esta receta va a estar especialmente indicada para personas y grupos de personas que necesitan aprender a identificar lo que les altera y pone en tensión habitualmente, desde los signos o indicadores fisiológicos así como las posibles válvulas de escape, tanto cognitivas (estrategias de pensamiento orientadas a las causas) como fisiológicas (estrategias conductuales orientadas a mitigar los síntomas). Si bien, todos y todas en algún momento podemos sentir una subida de presión emocional, y por ello no está de más saber cómo actuar.

Para ello nos llevaremos al aula o sala de reuniones una *olla exprés* de las que usamos en la cocina, y les decimos que muchas veces nuestra mente se calienta y se pone a presión a como esa olla, es más, sentimos esa presión en nuestra cabeza y solemos decir que *tenemos la olla a punto de estallar.*

¿Qué cosas hacen que se caliente nuestra olla mental, qué cosas nos enervan y enfadan, encendiendo nuestro fuego interior? Es una primera pregunta que vamos a formular, que anotaremos en trozos de papel en forma de llama de fuego, y que situaremos en el suelo, y justo encima la olla. Ya tenemos definido lo que nos calienta.

Ahora iremos con los *pensamientos y diálogos internos* que, tras esa primera situación que nos calienta, empiezan a hervir o entran en ebullición en nuestras cabezas, y hacen que la olla se ponga a presión, cada vez más. Los anotamos en tarjetas y las vamos situando dentro de la olla.

Finalmente empezamos a pensar en las *soluciones* para evitar que la olla a presión mental estalle y nos haga daño, a nosotros y a los demás, y estas soluciones son de dos tipos:

1. *Válvulas de escape*: como en las ollas a presión, para evitar que estallen, pensar en qué hacemos o pensamos para bajar nuestra presión emocional: por ejemplo, utilizar pensamientos que nos tranquilizan, regular nuestra respiración, actividad física, salir tomar el aire o dar una vuelta, etc.

2. *Reducción del fuego o agua para apagarlo*: también podemos hacer algo para influir en los desencadenantes iniciales, explorando lo que hemos puesto en las llamas de fuego y tratando de ver cómo las apagamos o aminoramos con "comportamientos agua".

EL BUEN MENÚ DE LA MOTIVACIÓN EN LAS TAREAS

La verdad es que el menú como metáfora siempre me ha venido muy bien para explicar conceptos, teorías, emociones. En cierta ocasión ofrecí a un restaurante un curso de formación llamado "El Menú de la Hospitalidad Emocional", en el que toda la carta y los platos estaban relacionados con los contenidos y competencias que íbamos a trabajar.

El *menú de la motivación humana* es una forma amable y muy intuitiva de explicar una técnica de motivación en el mundo laboral, pero aplicable a la vida en general, que consiste en el *enriquecimiento de tareas*, es decir, *aderezar las tareas con una serie de ingredientes psicológicos* para hacerlas más atractivas y sugerentes al trabajador. La idea es una carta, como de la un restaurante, en la que cada cual elige aquél plato que más le apetece o que mejor puede saciar su apetito, nutrir o restaurar su necesidad.

Lo que trabaja esta carta es sobre todo la motivación intrínseca y algo la trascendente.

Veamos en qué consisten estas tres formas de motivación:

1. La motivación extrínseca viene determinada por lo que yo espero recibir a cambio de mi esfuerzo y mis resultados: remuneraciones, ventajas, cosas materiales, sueldo.

2. La motivación intrínseca viene determinada por la medida en que lo que hago me permite realizarme como persona y como profesional, me permite expresar mis valores y actitudes o aumentar mi autoestima.

3. La motivación trascendente o prosocial viene determinada por la medida en que mi labor beneficia a otras personas, al medio ambiente o a la sociedad en su conjunto. Esta motivación está más presente en profesiones o tareas humanitarias, médicas o sociales, pero no necesariamente, ya que cualquier trabajo puede tener, y de hecho tiene, un beneficio social si se plantea desde unos criterios éticos y sociales claros.

En este ejercicio metafórico, *lo primero que haremos es pedir a los y las participantes que piensen y escriban aquellas tareas que más les cuesta hacer,* o que menos motivados se sienten para hacer. Lo mejor es referirlo a las tareas que compartan por razón de su profesión o del rol habitual que desempeñan, pero si el grupo es heterogéneo, que se centre cada cual en sus tareas más habituales de trabajo, estudiante, voluntariado o crianza de los hijos.

Una vez que tenemos estas tareas que más nos cuestan, le entregamos a cada cual una copia de la carta *"10 Ingredientes para Enriquecer tus Tareas"*, les decimos que la lean, y que seleccionen aquellos ingredientes que pondrían en sus tareas para que resulten más motivantes y menos monótonas.

Para terminar, veamos cuáles son esos 10 ingredientes para enriquecer nuestras tareas cotidianas o laborales:

1. En la variedad está el gusto. Evita las tareas monótonas, trata de que sean variadas o de que la misma tarea tenga variedad de ejecución o de sub-tareas.

2. ¿Cómo te gusta más? A todos cuando tomamos un café o un bistec nos gusta que nos pregunten cómo lo queremos. ¿Podemos aplicar esto a las tareas?

3. Tiempo para degustar y disfrutar. Las prisas nunca son buenas para comer, ni para la motivación en las tareas. Revisa los tiempos y piensa a medio y largo plazo.

4. ¿Sólo o acompañado/a? ¿Te gusta comer sólo/a? Con la compañía la comida, y las tareas, se disfrutan y comparten más, y el tiempo se pasa sin darse cuenta.

5. ¿Quieres cocinar tú? Como en casa no se come en ningún sitio, muchas veces disfrutamos más cocinando y experimentando. ¿Permiten la creatividad tus tareas?

6. ¿A fuego lento o micro-ondas? Los buenos alimentos llevan su tiempo de cocción y de realización, no diseñes las tareas de forma precipitada o precocinada (corta-pega).

7. Un menú semanal equilibrado. ¿Las tareas de tus colaboradores tienen sentido y se valoran en un proyecto global? La buena alimentación requiere planificación.

8. ¿Productos ecológicos y naturales? Siempre buscamos los mejores productos y más ecológicos y éticos. Tus tareas ¿cómo andan de ecología, equidad, ética, valores?

9. Y de postre ¿qué desea tomar? ¿Puedes sorprender con un dulce o pastel de vez en

cuándo? En las tareas se llaman: reconocimiento, elogio, palmada en el hombro...

10. Valore nuestro servicio, por favor. Cuando el servicio y los alimentos son de calidad, solemos repetir y recomendar el restaurante. ¿Valoras la satisfacción de tu gente?

MENTE DESCAFEINADA, NATURAL Y TORREFACTA

Si lo pensamos bien, muchas de las cosas que hacemos en nuestra vida se parecen al funcionamiento de una cafetera: hay un *contexto o fuego* que es el que aporta la energía básica al sistema, el que hace hervir nuestra conducta, individual y/o colectiva, y la activa. Y este contexto cambia de un lugar al otro, y determina qué tipo de comportamientos se hacen en cada lugar: sin contexto no hay café para nadie.

En el recipiente del agua se pone lo que hacemos (TAREAS), y lo llamaremos "CUANDO HAGO...." en este contexto o fuente calorífica concreta.

En el filtro se pone el café, y lo llamaremos "Y PIENSO QUE..." que simboliza nuestros *pensamientos* (positivos o negativos), nuestras *creencias* (activantes o limitantes), así como las *emociones* (agradables o desagradables) asociadas a dichos pensamientos y creencias.

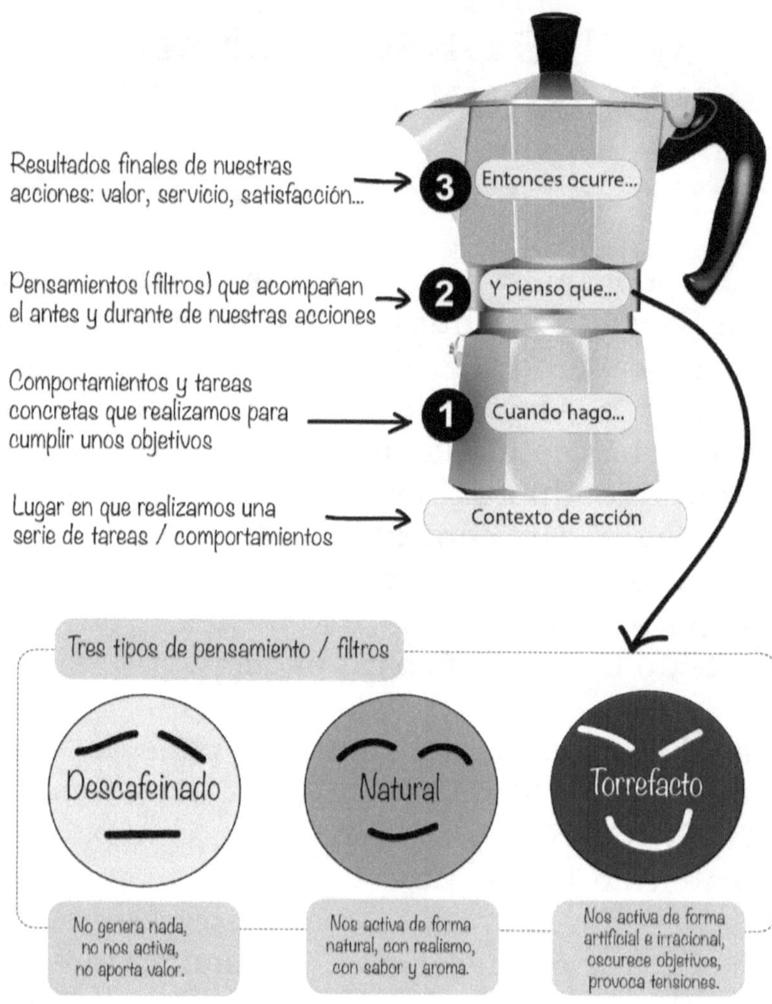

En la zona del vaso superior, donde aparece ya el café mezclado con el agua, los comportamientos + creencias / pensamientos / emociones, pondremos "ENTONCES OCURRE QUE..." y son los RESULTADOS finales de nuestra acción, el mayor o menor

"SERVICIO" o aporte de VALOR de lo que hacemos.

Las CREENCIAS / PENSAMIENTOS pueden ser de tres tipos:

Descafeinadas. Se trata de creencias y pensamientos que no nos activan, no nos motivan, no nos despiertan ni provocan nada especial en lo que hacemos. Hacemos las cosas por hacerlas sin más, pero no hay pasión ni motivación al hacerlas.

Naturales. Son las creencias y pensamientos que tienen esa dosis natural de activación y motivación, suficiente para hacer las cosas y que aporten valor, pero sin llegar a tensionarnos en exceso, hasta el punto de poder llegar a estresarnos y perder el sueño por ello.

Torrefactas. Son las creencias y pensamientos sobre-activados y sobre-estimulados, bien por sustancias psicoactivas o bien por estrategias mentales irreales, ilusorias o demasiado exigentes con uno mismo y con los demás.
Para comprender mejor las creencias torrefactas, vamos a la definición de café torrefacto:

"El torrefacto es una variedad de café obtenida cuando se añade azúcar (un 15% máximo) a los granos de café durante su tostado. Al alcanzar temperaturas cercanas a los 200 °C el azúcar se carameliza y se adhiere al café, creando una película de tonalidad muy oscura y brillante, con aspecto de quemado".

La consecuencia es que el café torrefacto: es de peor calidad, porque suele contener otros productos mezclados, es peor para la salud, pierde el aroma del café natural, es más oscuro y amargo. Con los pensamientos torrefactos pasa un poco lo mismo: no son naturales ni humanistas, son de peor calidad psíquica, nos amargan el día y nos oscurecen los objetivos.

La dinámica consiste en *dar a cada equipo una cafetera y habrán de hacer lo siguiente*:

1. Determinar un CONTEXTO o espacio de interacción social en el que se activan algunos comportamientos.
2. Hacer un breve listado de comportamientos "CUANDO HAGO..." en ese contexto.
3. Pensar, en dicho contexto y sus comportamientos tipo, en tres tipos de PENSAMIENTOS o CREENCIAS que suelen

acompañar la acción de las personas (antes, durante y después de la misma). Una de tipo descafeinada, otra de tipo natural, y otra de tipo torrefacta.
4. Aplicar los tres filtros o creencias (descafeinado, natural y torrefacto) al menos a dos de los comportamientos "CUANDO HAGO..." y poner en el vaso superior de la cafetera (SERVICIO - VALOR) cuál es el resultado de hacer una misma tarea / comportamiento, pero con diferentes FILTROS mentales o tipos de creencias / pensamientos.

Para *reflexionar tras la dinámica*, podemos hacernos estas preguntas entre todos los equipos que han trabajado su cafetera:

¿Somos conscientes siempre de dónde estamos y cuáles son las tareas clave en cada lugar? ¿El espacio en que actuamos, es una buena fuente de energía, es decir, es capaz de activar nuestra conducta? Si no lo hace, ¿por qué, cuál es la causa, hay pérdida de energía psico-social?

¿Somos conscientes cada día de nuestras creencias y pensamientos? ¿De qué tipo son? ¿Pueden ser la causa de que lo que hacemos no aporte valor o buen servicio a otros?

¿Hasta qué punto muchas veces funcionamos con nuestros extremos mentales descafeinado & torrefacto? Cuando lleva mucho tiempo sin suceder nada interesante o de valor, ¿Nos pasamos al extremo radical del torrefacto? ¿Qué consecuencias tiene en nosotros y en los demás?

LA COMANDA
DE LOS DESEOS

Con esta receta pretendemos ayudar a los participantes a formular y expresar sus deseos, concretándolos lo más posible en una metafórica libreta o «comanda de los deseos» de un restaurante donde puedes pedir eso que deseas, y te ayudan a elaborarlo y ponerlo en práctica.

Me parece bastante útil y nutritiva para personas y grupos de personas que necesitan identificar y enfocar mejor sus verdaderos deseos que nacen de sus necesidades más profundas e inconscientes, y de este modo orientar su vida, sus acciones y proyectos desde la fuerza y la motivación de dichos deseos, así como desde los deseos compartidos con otros.

Vamos a ver entonces cómo facilitarla. Cuando vamos a un restaurante, lo normal es que venga un camarero o camarera con una libreta de la comanda. Ahora las hay electrónicas, pero a mí me siguen gustando más las de toda la vida, con un papel principal en color blanco para escribir y dos papeles auto-copiativos más, en dos colores diferentes. Comanda viene del francés "commander" que significa pedir, y se trata de un vale interno que por triplicado efectúa el camarero de los productos que los clientes van a tomar.

¿En qué consiste la dinámica? Sencillamente en *imaginarse un restaurante de los deseos* donde los clientes pueden pedir todo aquello que desean, bien para sí mismos o bien para otros. El facilitador (y algún ayudante más si es un grupo grande) tomará nota de dichos deseos en la libreta de comanda, poniendo el nombre del cliente que pide, lo que pide, y de este modo dejaríamos *una copia de la comanda al cliente*, otra *copia para el camarero o coach* de los deseos en este caso, y *otra se pondría en un tablón o panel público* para que la vieran todos.

Conviene que en los pedidos se concreten bastante los deseos, porque si deseamos la paz del mundo, o el fin de las injusticias, es como si en un restaurante pedimos una alimentación equilibrada y sana, sin concretar el producto.

Una vez que tenemos todos los deseos a la vista, podemos ver en qué medida se parecen o en qué medida se diferencian de los demás.

También, siguiendo a Abraham Maslow, podemos *valorar cuáles son las necesidades que hay detrás de nuestros deseos*: según la teoría de la motivación humana de Maslow, *nuestros deseos son la forma que tenemos de verbalizar nuestras necesidades inconscientes.*

Podemos incluso decir que en este restaurante, en lugar de una Pirámide de los Alimentos, tenemos una *Pirámide de las Necesidades* (la de Maslow con sus cinco niveles: básicas, de seguridad, de afecto, de autoestima y de realización personal). Podemos *dibujar la pirámide en grande e ir pegando las copias de las comandas en la misma* en función de la necesidad con que está relacionado el deseo expresado por cada cliente (participante).

Por tanto, si tenemos un conjunto de deseos explícitos en el tablón público, podemos valorar desde ahí cuáles son las necesidades más importantes del grupo de personas que ha venido a este restaurante de los deseos. Y con ello, podemos ver qué hacer juntos para resolver o satisfacer estas necesidades: es decir, *en este restaurante no hay cocina y todos vamos a ser, entonces, los cocineros de los deseos de los demás,* ofreciéndoles nuestras recetas a partir de nuestras habilidades y experiencia, creando una red de solidaridad interna dentro del grupo de trabajo o encuentro.

LAS CINCO ESPECIAS DEL COMPROMISO EN LAS TAREAS

No es lo mismo hacer una tarea con *esmero* que sin esmero, con *amabilidad* que sin amabilidad, con *atención* que sin atención, con *cuidado* que sin cuidado, con *respeto* que sin respeto.

Esmero, amabilidad, atención, cuidado y respeto son 5 especias fundamentales que no deben faltar en nuestras tareas y proyectos, esta es la *masa madre* de la dinámica que propongo.

Esta dinámica nos va a ayudar a reflexionar acerca del compromiso con la empresa, que al final es también un compromiso con uno mismo y con los demás, con los clientes, compañeros así como con las cosas y bienes. Pero en todo caso, *dicho compromiso siempre se plasma, se demuestra y visibiliza en un modo de hacer las cosas*, las tareas que tenemos asignadas.

Para este objetivo propongo la metáfora de "*Las cinco especias del compromiso con la tarea*", que serían algo así como los aditivos básicos de las tareas que desarrollamos: no es lo mismo hacer una tarea CON el aditivo que hacerla SIN el aditivo, y esta va a ser la base del aprendizaje en la dinámica, descubrir lo que pasa cuando abordamos una tarea CON o SIN cada uno de los aditivos, y sacar nuestras propias conclusiones. Veamos entonces estas 5 especias del compromiso:

ESMERO. Cuando hacemos las cosas con esmero nos esforzamos en que estén bien hechas y acabadas, que tengan calidad, no las hacemos de cualquier forma. Por eso el esmero refleja realmente que alguien está comprometido con lo que hacer y para quien lo hace.

ATENCIÓN. Cuando hacemos las cosas con atención estamos realmente pendientes de lo que hacemos, centrados en la tarea y no en otras cosas, y ello contribuye a un buen resultado. Estar atentos a lo que se hace, y a los usuarios de nuestro trabajo, indica que realmente estamos comprometidos con el trabajo y con las personas.

RESPETO. Cuando hacemos las cosas con respeto valoramos más a las personas para las que trabajamos, las tratamos bien a ellas y a sus cosas y pertenencias. El respeto a las cosas y a las personas es propio de personas que están realmente comprometidas con tu trabajo y sus tareas.

CUIDADO. Cuando hacemos las cosas con cuidado y delicadeza, nuestro trabajo es más humano y humanizador, y ello nos hace crecer en humanidad a nosotros también. Cuidar al cliente dignifica nuestra tarea y nuestro trabajo, indica responsabilidad y compromiso con la tarea.

AMABILIDAD. Cuando hacemos las cosas amabilidad, esas cosas se valoran y aceptan mejor, y el cliente nos percibe como personas realmente comprometidas y responsables con su trabajo y con los demás. La amabilidad aumenta el valor del resultado de nuestro trabajo.

Vamos a ver, entonces, cómo llevar a la práctica y cocinar bien esta receta pedagógica. Hacemos 5 equipos de personas, un equipo por cada una de las especias del compromiso.

Explicamos a los participantes que hay cinco aditivos que no pueden faltar en las tareas cotidianas que hacemos, y que cuando en dichas tareas están esos aditivos, realmente podemos hablar de tareas comprometidas que además generan buenos y altos resultados, tanto en lo material como en lo emocional.

Entonces facilitamos a cada equipo una *ficha de una de las 5 especias*, así tendremos un equipo por cada especia. ¿Qué debe hacer cada equipo? Tal y como inidicaremos en la ficha de la especia, deben hacer dos cosas, para luego compartir con los demás:

1. Pensad en lo que ocurre cuando trabajamos SIN (especia), para luego contarlo a los demás.

2. Representar una tarea haciéndola CON (especia) y luego la misma tarea SIN (especia).

Al final de este capítulo tienes un modelo de ficha de una de las especias, para hacerte una idea de cómo diseñar las 5 (es bastante sencillo, todas llevan el mismo texto, sólo cambia el nombre y descripción de la especia, tal y como la he definido al comienzo de este capítulo). También puedes dar a cada equipo, si lo deseas, un bote-tarro (mejor de plástico que de cristal) etiquetado con el nombre de su especia, y dentro del mismo pones en un papel las instrucciones de lo que han de hacer.

Se trata en definitiva de un aprendizaje cooperativo en el que cada equipo tiene la misión de hacer comprender a los demás la importancia de la especia-aditivo que la ha sido asignada: en primer lugar contando qué ocurre cuando falta esa especia en una tarea, y en segundo lugar representando teatralmente la diferencia de la misma tarea CON / SIN la especia.

Y de este modo, todos comprenderán la importancia de tener siempre estas especias en su modo de hacer las tareas, especias que representan valores y competencias esenciales en el desempeño.

Incluso podemos ir un poco más allá: *¿hay alguna especia más que echamos de menos y añadiríamos a nuestro menú diario de tareas?* No soy partidario de tener muchas, sólo las esenciales, para recordarlas bien, pero bueno, si hay alguna vinculada a la cultura de la empresa que nos parece clave, pongámosla también, hasta un máximo de 7 especias diría yo.

Al terminar la dinámica podemos reflexionar acerca de cómo podemos mantener siempre nuestros frascos de especias con cantidad suficiente, tanto de modo individual como en los equipos en que colaboramos, para poder aderezar bien las tareas. Incluso podemos realizar algún producto comunicativo tipo cartel, que nos recuerde la importancia de especiar nuestro modo de hacer en las diferentes tareas y proyectos.

Respeto

Cuando hacemos las cosas con respeto valoramos más a las personas para las que trabajamos, las tratamos bien a ellas y a sus cosas y pertenencias. El respeto a las cosas y a las personas es propio de personas que están realmente comprometidas con tu trabajo y sus tareas.

1. Pensad en lo que ocurre cuando trabajamos SIN respeto, para luego contarlo a los demás.

2. Representar una tarea haciéndola CON respeto y luego la misma tarea SIN respeto.

COCINAMOS EN SILENCIO
LA RECETA DEL SILENCIO

La verdad es que parece un contrasentido hablar de cocinar en silencio, ya que la cocina, cuando están varias personas en ello, suele estar asociada a la charla amigable, las risas, las confidencias, etc. Pero hagamos un esfuerzo por cocinar en silencio y exploremos el sentido que tiene esta receta pedagógica.

Lo que pretendemos con ello es facilitar la cooperación y la comunicación no verbal en un clima de silencio y ausencia de lenguaje verbal, evidenciando y experimentando la importancia de trabajar y cooperar juntos en un buen clima de trabajo, con una música de fondo tranquila, así como el uso de los lenguajes no verbales amables y positivos (sonrisas, caricias, etc.).

Esta es una receta indicada para grupos, parejas, equipos de trabajo que generalmente pierden bastante tiempo y energías hablando y hablando, generando mucho ruido social que no ayuda a la concentración y enfoque en la tarea, y necesitan darse cuenta de la importancia de un clima de interacción social agradable y eficaz sin necesidad de hablar y hablar a cada momento.

Vamos a la tarea, con las manos en la masa, pero en silencio: agrupamos a los participantes por equipos para hacer una actividad de cocina cooperativa, como elaborar magdalenas, pastas, pequeños vasos o barquetas con aperitivos, etc.

A cada grupo le damos su material de cocina, pero también les damos la consigna de que deben elaborar la receta en silencio, sin hablar ni hacer ruidos, sólo pueden utilizar los gestos de su cara o sus manos y brazos.

Conviene poner una música de fondo tranquila, que les ayude a crear un clima de silencio. El facilitador observa si respetan la consigna, cómo se comunican, etc.

Al final de la actividad hablamos de la importancia del lenguaje no verbal, del silencio y de la cooperación cuando estamos haciendo algo juntos, así como de la experiencia de recuperar momentos de silencio y de calma, incluso disfrutando de ello cuando estamos juntos, ya que no hay por qué sentirse obligados a hablar a cada momento ni sentirse incómodos con los silencios.

Pero demos un paso más: ahora pidamos a los equipos de trabajo que, mientras vamos horneando y preparando, por ejemplo las pastas o galletas que han elaborado todos los equipos, para luego hacer una merienda fraterna, elaboren una *receta del silencio*.

Siguiendo el patrón de una receta, han de escribir cuáles son sus ingredientes, cómo se prepara, para qué sirve o qué alimenta en las personas, etc.

Tras la elaboración de todas las recetas del silencio en grupos, hacemos una puesta en común y sacamos todas nuestras conclusiones.

EL TUPPER DE CONSERVAR Y TRASLADAR VALORES

Si lo pensamos bien, nuestra vida es como un *tupper* en el que conservamos las cosas que realmente nos apasionan y nos interesan, aquellas por las que apostamos. Conservar es también cuidar, aprovechar, reutilizar, no despilfarrar... Conservar la vida, para poder alimentar de vida a otros también. Y en toda cocina que se precie, las conservas y los útiles de conservar, son herramientas clave.

Con esta dinámica queremos ayudar a los participantes a identificar las cosas importantes de su vida, aquellas por las que merezca la pena luchar y esforzarse en conservarlas, diferenciándolas de esas otras cosas secundarias o más superficiales, identificando entonces el "tupper" de valores que realmente sostienen y mueven su vida.

Es una dinámica interesante para todo tipo de personas, pero sobre todo está dirigida a personas, grupos de personas y entornos donde se percibe mucha superficialidad y materialismo, y se valora a la gente por lo que tiene y no tanto por lo que es, por sus valores y sus actitudes y realizaciones humanas. En general, muy recomendable y nutritiva para proyectos educativos y acciones formativas humanistas y basadas en valores.

Bien, pues vamos ya con la receta. Los *tupper* o tarteras sirven para conservar alimentos y para llevarlos de un lugar a otro. Si hablamos de las cosas que nos gustaría conservar de nuestra vida, aquellas que llevaríamos en el *tupper existencial*, como quien lleva cada día su comida al trabajo ¿cuáles serían?

Reunidos en equipos, *daremos a cada equipo un tupper de plástico*, y en el mismo han de depositar en tarjetas de papel escritas, *aquellas cosas de la vida que les gusta conservar*, esas cosas que siempre querrían llevar con ellos a cualquier lugar.

Al final podemos hacer una puesta en común entre los diferentes equipos, o un intercambio de *tupper*, para ver en qué medida coincidimos en esas cosas importantes de la vida.

Incluso podemos tener siempre ese *tupper existencial* a mano, en casa, en la oficina, en el grupo, para abrirlo de vez en cuando, o en caso de necesidad o desmotivación, para recordarnos las cosas que realmente merecen la pena y tenemos que conservar, y aquellas que es mejor reciclar o desechar.

Pero también hemos comentado que los tupper o tarteras (y las hay de muchos tamaños) también sirven para trasladar o transportar con seguridad y buena conservación, los alimentos de un lugar a otro. Pensemos entonces, también, en esas cosas importantes que hemos depositado en nuestro tupper existencial: ¿A quién deseamos llevarlas para alimentar a otras personas y comunidades de esos valores humanos esenciales? ¿Cómo lo haríamos, con qué recetas? La presentación es fundamental ¿Cómo lo vamos a presentar y cómo nos vamos a presentar? Porque ya sabemos que no vale presentarse de cualquier manera... en la vida, como en la restauración, la presentación también cuenta.

LA RECETA DE UN ELOGIO

Siempre digo que hay dos tipos de *asertividad*: la de afirmar y la de negar. La asertividad, es decir, esa capacidad para afirmar delante de otros nuestros valores, necesidades y deseos, de modo honesto, sincero y sin sentirnos mal por ello, se queda escasa si sólo la utilizamos para decir NO. También la podemos utilizar para decir SÍ, para afirmarnos y para afirmar a otros, y es ahí donde entra esta receta del elogio, como un modo de asertividad que además alimenta la autoestima: ¡qué buen maridaje!

Esta receta sirve para motivar y ayudar a los participantes a utilizar la asertividad positiva (= elogiar y destacar cualidades y logros de otros) en su entorno y sus relaciones interpersonales, descubriendo y destacando las cualidades positivas y logros de los demás, y de este modo, alimentando su autoestima.

Por ello está especialmente indicada para personas a las que cuesta percibir y reconocer los logros y fortalezas ajenas más allá de las propias, así como personas y grupos con una autoestima débil a las que cuesta reconocer y reconocerse mutuamente sus fortalezas, logros y potencialidades. Que ese grupo descubra que la fuente de su autoestima está dentro de ellos, al ser más asertivos en sentido positivo, significará toda una explosión de sabores nuevos en sus vidas.

¡Vamos a cocinarla entonces! Una de las formas que tenemos de practicar las "bendiciones" en grupo, que significan algo tan sencillo como "decir bien" (lo contrario a maldecir) es hacer lo que yo denomino la "receta de un elogio", muy recomendable cuando se trata de reforzar comportamientos positivos o habilidades y virtudes en los demás. Esta receta de un elogio consiste en los siguientes pasos e ingredientes:

1. *Describimos al otro exactamente el comportamiento o cualidad* suya que nos ha gustado, con detalle.

2. *Decimos por qué es importante* ese comportamiento o cualidad (valores nutritivos y vitaminas).

3. *Aderezar con una sonrisa,* un gesto de afecto y abundante estima.

4. *Dejar 3 segundos a fuego lento* en el corazón del otro.

5. *Animar y alentar el comportamiento*: listo para repetir.

Ahora hacemos papeletas con los nombres de todas las personas del grupo, las doblamos y metemos en una bolsa o caja. Cada cual coge una papeleta (si le sale su propio nombre la vuelve a meter en la caja y coge otra), y ha de preparar una receta de un elogio a la persona que le ha tocado.

Una vez que tenemos las recetas preparadas, cada cual dice su elogio en público a quien le ha tocado.

Es importante recordar, como ya hemos dicho en otros capítulos-recetas, el elaborar una buena presentación, en este caso, aplicada a cómo vamos a hacer ese elogio a la otra persona.

Por ello, no está de más darle a esta presentación pública de los elogios un toque de teatralización culinaria: pongamos al elogiador un gorro de cocinero, y al elogiado en una mesa de restaurante, con su mantel, etc. Ahora el cocinero/a elogiador/a, atenderá a su cliente como se merece y lo elogiará con su receta-menú personalizada.

Después cambiamos los papeles, y es el comensal el que hace de chef-camarero elogiador, y éste de comensal. Al final, podemos valorar todas las escenas de elogio y elegir cuál ha sido la que más nos ha gustado y por qué.

CUIDANDO NUESTRAS HERRAMIENTAS:
¿Esponja o Estropajo?

Todos los amigos/as que conozco que trabajan en la cocina, siempre son exquisitos con la limpieza de todo lo que usan para cocinar, por ejemplo, cuando les invitas a casa a una comida y, ya que vienes y eres cocinero/a, ¿por qué no cocinas tú? Una invitación ¿desinteresada?: por supuesto que no. Pero bueno, no es esa la cuestión ahora. Lo que quiero subrayar es que son tan exquisitos cocinando como recogiendo y limpiando todo lo que utilizan: lo llevan en el ADN del buen cocinero/a.

Y a la hora de limpiar, tenemos una herramienta típica y recurrente en todas las cocinas, las de casa y las de restauración también, que es la esponja-estropajo: por un lado limpia con suavidad y sin rallar, y por el otro limpia de modo más áspero y abrasivo, más eficaz y rápido con lo que se queda pegado a la sartén, pero también más daña la propia sartén.

Pues bien, pienso que con las relaciones humanas nos pasa un poco lo mismo: todos tenemos un lado esponjoso, amable y delicado, pero también un lado áspero y abrasivo, y ello se nota en nuestras actitudes y lenguajes. Cuando hay que quitarse algo que se nos queda pegado (algo que no nos gusta, que nos molesta, un conflicto…) podemos recurrir con paciencia a nuestra actitud esponja, o podemos hacerlo de modo rápido y áspero con nuestro lado estropajo… y sus consecuencias de daño a la relación con esa persona.

Con esta dinámica vamos a ayudar a los participantes a diferenciar entre relaciones humanas tipo estropajo (ásperas y abrasivas) y relaciones humanas tipo esponja (suaves y cuidadosas), desde la metáfora de un estropajo-esponja que todos podemos ser y utilizar en algún momento.

Creo que es una dinámica muy recomendable para personas que habitualmente son toscos y ásperos en sus relaciones e interacciones con los demás, tanto en su lenguaje verbal como no verbal, y necesitan descubrir también su lado esponja y suave, así como la eficacia del mismo.

Iniciamos esta dinámica comentando que todos y todas, como cocinillas que somos, conocemos ese utensilio de limpieza que por un lado es un estropajo y por el otro lado es una esponja, ¿cierto? Nos llevamos uno y lo enseñamos.

Los fabricantes suelen poner en los precintos de este estropajo-esponja que por el lado del estropajo sirve para *limpiar consistentemente* y por el lado de la esponja sirve para *limpiar delicadamente*.

Si trasladamos esto al terreno de las relaciones humanas, la atención al cliente o los cuidados, enseguida identificamos que hay actitudes o *comportamientos estropajo*, que rascan, son abrasivos, y llegan a hacer heridas, incluso: decimos que hay gente áspera y exasperante, ¿verdad?

Pero también hay *comportamientos esponja* que son más suaves, hospitalarios (porque las esponjas marinas son hospitalarias, ya lo expliqué en mi dinámica sobre las esponjas sociales), y mas cuidadosos en general.

Y no pensemos sólo en aplicar nuestras actitudes estropajo o esponja a los demás: pensemos también en nosotros mismos y nosotras mismas. ¿Cuántas veces hemos usado el estropajo interior de abrasarnos mental y emocionalmente? ¿Cuántas veces dejamos nuestro estómago y nuestro sistema digestivo como un estropajo por comer y beber sin control y sin cuidado? ¿Cuántas veces castigamos a nuestra piel, nuestras articulaciones, etc., con ejercicios y actividades tipo estropajo?

Bien, creo que la idea está clara ¿verdad? Ahora vamos con la dinámica: individualmente o en grupos de trabajo, cada uno tendrá un estropajo-esponja similar a este. Comenzamos preguntando para qué sirve este utensilio, que sucede con el estropajo y con la esponja, y poco a poco vamos llevando a los y las participantes a la metáfora de las actitudes y comportamientos estropajo y esponja. Entonces viene el momento de ir haciendo aplicaciones y reflexiones, para las que nos pueden ayudar estas preguntas:

¿En qué notamos que somos estropajo o esponja para los demás: clientes, amigos, pareja, usuarios, etc.? Vamos a listar algunos comportamientos característicos de ambos.

¿Cómo reaccionan los demás ante los comportamientos estropajo y los comportamientos esponja?

¿Cuándo fue la última vez que te sentiste abrasado/a con una actitud o conducta estropajo? ¿Y cuándo te sentiste cuidado y acariciado con una actitud o conducta esponja?

¿Hay lugares o entornos estropajosos, que según entras experimentas abrasiones con varios sentidos? Descríbelos.

¿Cómo es un lugar o experiencia esponja con todos los sentidos posibles: vista, oído, tacto, olfato, gusto?

¿Cómo podemos implementar relaciones y experiencias esponja en nuestro entorno de trabajo? Comparemos esponja versus estropajo y hagamos un plan de relaciones y cuidados esponja.

EL PAPEL DE HORNEAR RELACIONES HUMANAS

Las buenas relaciones humanas se cocinan *a fuego lento, con mucho amor, como se ha hecho toda la vida*, dirían nuestras abuelas, ¿verdad? Y ello requiere tener un buen papel en dichas relaciones, como también se requiere un buen papel para hornear, de modo que dicho papel "haga su papel", valga la redundancia, ayudándonos, por ejemplo, a sostener mejor la masa de una pizza o una empanada, y poder trasladarla al horno.

Y dicho papel de cocinar, ha de estar liso y bien puesto en la encimera. Vamos pues, a jugar con esta idea del papel de cocina bien alisado para que cumpla su papel, y lo haremos comenzando por arrugarlo y convertirlo en una pelota de papel inservible, a priori, para cocinar bien nuestro pensamiento: el papel será nuestra mente.

El objetivo de esta dinámica será facilitar en los participantes la identificación de sus problemas y conflictos «arrugados» por el tiempo, el rencor o por el miedo a enfrentarlos, y ayudarles a expresarlos y repararlos mediante la metáfora de ir desarrugando un papel de cocinar (tipo papel cebolla que suele llamarse) en el que escribir nuevas soluciones.

Esta dinámica va a ser de mucha utilidad para personas, parejas y grupos de personas que sufren y experimentan conflictos habituales o latentes y necesitan liberarse de los mismos, «desarrugarlos» para iniciar nuevos caminos, relaciones y proyectos, o gestionar cambios hacia un nuevo clima de convivencia, horneando a fuego lento sus relaciones humanas.

Necesitamos, pues, un rollo de papeles cebolla, tipo del que se usa para hacer en el horno las pizzas. Vamos sacando papeles del rollo-dispensador y haciendo pelotas con ellos arrugando bien cada papel, y a cada persona o a cada grupo-equipo le lanzamos una pelota de papel, diciendo que la cojan, sin decir nada de lo que vamos a hacer.

A continuación decimos a cada participante o a cada equipo, que debe tratar de dejar su papel lo más liso posible, deshaciendo la pelota y con cuidado que el papel no se rompa, dejándolo con las menos arrugas posibles. Podemos incluso decir que es un concurso a ver quién deja su papel lo más liso posible.

Tras esta tarea, les hablamos de que a veces las relaciones humanas e interpersonales también se nos arrugan, y necesitamos la misma paciencia y calma que hemos tenido para desarrugar nuestros papeles, con cuidado poco a poco para que no se nos rompan.

Una vez que han caído en la cuenta de ello, nos ponemos en grupos, y cada grupo ha de elaborar un sencillo *manual de instrucciones o pasos prácticos para desarrugar una relación interpersonal arrugada.* Escriben dicho decálogo en el mismo papel cebolla que han desarrugado, y luego hacemos una exposición pública de todos los manuales.

Yo incluso suelo decir cuando facilito esta dinámica, que es de mis preferidas, que los decálogos escritos en papeles desarrugados se parecen a los antiguos pergaminos, tienen mucho valor por lo que representan, y que "las arrugas son bellas", es decir, que una vida lisa y sin surcos no tiene emoción...

En definitiva, ahora son papeles que nos invitan a vivir nuestras relaciones "a fuego lento", desde una filosofía de vida *slow-food* (slow-life) como alternativa a la vida *fast-food*, precocinada y procesada que se nos impone.

LA MASA MADRE DE NUESTRA VIDA:
problemas y soluciones

Nuestra vida, la vida de cada cual, tiene su masa madre, formada por esos ingredientes esenciales que nos hacen únicos: nuestro sentido de la vida, nuestro propósito alimentado de valores, anhelos, sueños, cualidades, experiencias: nuestro ser.

Cada masa madre es distinta, y tiene su secreto, su fórmula. Lo que hacemos con ella, cómo la amasamos o no, la conservamos o no, la hacemos crecer o no, la servimos a otros o no, etc., forma parte de nuestro ser cocineros/as de la propia vida en relación con la vida de los demás, y la vida en la Tierra.

Cuando tenemos problemas, nuestra masa madre se debilita, puede llegar a contaminarse, incluso perderse. Adquiere formas y texturas que no alimentan bien, tal vez porque no está en el recipiente correcto, o en el lugar y las manos que le corresponde...

Bien, juguemos ahora con esta idea, imaginando que nuestra masa madre va a ser un trozo de plastilina, que podemos amasar, hacer formas, etc.

El objetivo de esta dinámica será ayudar a los participantes a expresar un problema o conflicto moldeándolo en plastilina, haciendo una metáfora del mismo con sus manos en un primer momento, y en un segundo momento transformando ese conflicto en una solución moldeada y fermentada (transfigurada o transformada) también con la misma plastilina.

Esta dinámica aportará bastante valor a personas y grupos de personas a los que cuesta expresar con palabras sus problemas y conflictos, definirlos, sacarlos hacia fuera y compartirlos, así como encontrar soluciones creativas a los mismos.

Comencemos pues con la misma: damos a cada participante un trozo de plastilina y le pedimos que, de modo libre y creativo, moldee un conflicto o problema que haya vivido, que haga una especie de metáfora del mismo en plastilina, representando esa plastilina su ser, su *masa madre única y especial* de su vida. Conviene subrayar que *no se trata de contar el problema públicamente, sino de expresarlo con una metáfora.*

Cuando todos y todas tienen su imagen plástica hecha, podemos compartirlas en gran grupo (las imágenes, no los detalles del conflicto o problema), si es un grupo maduro y con confianza, o bien podemos compartirlas en parejas o grupos de tres.

Al final comentamos cómo nos hemos sentido expresando un problema interior con nuestras manos. Es importante recalcar que la plastilina conecta enseguida con nuestro yo infantil, nos traslada al aula de primaria, y es bueno que ese *yo niño* se exprese también y salga hacia fuera, ya que muchas veces lo reprimimos en el interior. Si pensamos la plastilina como masa madre, enseguida nos conectará con la cocina del hogar, con nuestras raíces.

También es importante señalar que generalmente *nos cuesta poner palabra a nuestros sentimientos* y conflictos profundos, y de este modo, a través de la expresión plástica y artística, es más fácil comunicarlos y sacarlos hacia fuera.

Es posible que algunas personas se emocionen con esta actividad, llegando a llorar. No hay por qué alarmarse, se toma como una expresión natural (y sana) de una emoción y se apoya con empatía y comprensión.

Como *segunda parte del ejercicio*, ahora podemos deconstruir la metáfora anterior y *construir con la misma plastilina la solución del problema*, y de este modo activaremos nuestra creatividad y tendremos una imagen-ancla interior que nos ayudará en el compromiso personal por resolverlo.

Tras esta *deconstrucción y reconstrucción* del problema, con nuestra misma masa madre (sin dejar de ser quien soy), volvemos a presentar, en este caso las soluciones desde ese yo renovado, con una nueva forma, pero con la misma masa, y hablamos de cómo *fermentar esa idea o solución* para que realmente nos alimente y, en su caso, alimente y nutra a otras personas.

BUFFET LIBRE PARA EL BIENESTAR

Los *buffet libre*, esos restaurantes donde puedes comer y atiborrarte de todo lo que quieras por un precio fijo, representan, a mi juicio, esa sociedad de consumo desmedido y despreocupado que hemos construido y que debemos *deconstruir* más pronto que tarde.

Mientras millones de personas mueren de hambre en el mundo, otras personas comen hasta reventar en *buffets libres* y lugares *todo incluido* en los que, además, suele desperdiciarse mucha comida. Si bien es cierto que no toda la responsabilidad de este problema es del buffet libre, porque también los hay que, en realidad, son restaurantes a la carta pero con auto-servicio (y con menos servicio también) y que, al final, es el cliente el que decide su comportamiento y su estilo de consumo en este tipo de restaurantes.

Una manera de luchar y contrarrestar esta cultura del consumo desmedido, poco saludable y poco solidario con el planeta a nivel global, que además nos causa *malestar por saturación*, consiste en utilizar la misma fórmula de buffet libre, pero de aquellas cosas que cuanto más se consumen y ofrecen, más humanos nos hacen y, paradójicamente, más bienestar nos producen.

Esta dinámica, como es lógico, va a ser de mucha utilidad para aquellas personas y grupos de personas muy enfocados en valores materialistas y consumistas, o que no han conocido otras propuestas de valores y filosofía de vida. Enseguida, la propuesta del buffet libre para el bienestar, va a generar un pensamiento crítico, desde el propio estómago de las experiencias de saturación también.

¿Cómo la facilitamos? Muy sencillo: vamos a crear varios grupos de cocina creativa. A cada grupo le podemos dar un sombrero de chef que puede ponerse la persona que hará de líder o interlocutor. El objetivo de cada grupo es crear una serie de platos, describiendo sus ingredientes y forma de elaboración, de productos, tanto físico-materiales, como psíquico-inmateriales, que sirvan para alimentar el bienestar de las personas, de modo que puedan consumirlos sin medida o en gran cantidad, porque no les van a saturar ni hacer daño.

Cosas que también nosotros, como cocineros/as y camareros/as de este buffet libre para el bienestar de los demás, podamos ofrecer gratuitamente, son pedir nada a cambio. Conviene dar algunas pistas, de modo que el facilitador/a puede repartir entre todos los equipos estos platos de productos a preparar:

> -Escucha
> -Perdón
> -Compasión
> -Alegría
> -Respeto
> -Consideración - Estima
> -Tiempo
> -Afecto
> -Amistad
> -Apoyo
> -Consuelo
> -Acogida
> -Etc.

Cada uno de estos valores / virtudes / actitudes será un plato del menú de nuestro buffet libre para el bienestar de los demás, y como tal podremos presentarlo y describirlo de modo visual, artístico, hasta donde nuestra imaginación cocinera quiera llegar.

La puesta en común de esta carta-menú nos ayudará a aprender y también a llevar estos buenos alimentos para el bienestar a nuestra vida cotidiana, siendo más generosos/as y humanos/as con los demás.

CUCHARILLA, CUCHARA
Y CUCHARÓN

Como bien sabemos, la capacidad de una cucharilla, una cuchara y un cucharón, no es la misma. Depende para qué, la cucharilla puede ser una virtud para cuando se trata de no gastar más de la cuenta o de echar la medida exacta de algo que, si te pasas, lo estropeas. Por ejemplo: pensemos en la justa medida a la hora de decir algo que no nos gusta, a la hora de hacer una crítica, o bien a la hora de hablar de nosotros mismos y nuestros logros...

Pero, sin embargo, si estamos hablando de ayudar a los demás, de echar una mano, de comprometerse, la cucharilla se nos queda escasa, la cuchara, digamos que bien, correcto, y el cucharón es propio de personas realmente generosas y comprometidas. De tal modo que los tres tamaños nos pueden dar para una interesante dinámica que nos haga reflexionar en qué situaciones y para qué objetivos es mejor ser cucharilla, cuchara o cucharón. Cucharilla y cucharón serían los extremos, y la cuchara representaría la virtud del término medio.

Podríamos incluso jugar con el contenido de lo que han de coger las tres: no es lo mismo si se trata de sal, azúcar o harina. Parece que para la sal es mejor ser cucharillas precisas y precavidas, para el azúcar de los elogios y endulzar la vida en general, ser cucharas en su término justo, sin pasarse para no resultar demasiado empalagosos o pegajosos, y en el caso de la harina, que nos alimenta y es ingrediente esencial en muchos alimentos, el cucharón generoso nos proporcionará una buena masa para empezar a trabajar.

Bien, pues vamos entonces con una forma sencilla e ilustrativa de cocinar aprendizajes con esta dinámica. Recordando lo que he comentado acerca de la capacidad que contiene una cucharilla, una cuchara y un cucharón, vamos a hablar ahora de *la capacidad de nuestra ayuda hacia los demás*. Traemos al aula una cucharilla, una cuchara y un cucharón, y también un kilo de arroz, y haremos este sencillo experimento:

Sacaremos a tres voluntarios/as el centro, a uno daremos la cucharilla, a otro la cuchara y a otro el cucharón. Cada cual ha de coger 10 cucharadas de arroz y echarlas en un recipiente tipo tarro transparente. O bien, cronometramos un tiempo de 1 minuto y les decimos que durante ese tiempo, deben echar todo el arroz que puedan, cada cual en su recipiente.

Es importante decirles que no deben derramar ni un solo grano de arroz, y que no es válido volcar el paquete de arroz en el tarro, sólo deben usar su utensilio cada uno.

Una vez realizado el experimento, les damos las gracias y dejamos a la vista de todos los tres tarros, haciendo las siguientes preguntas para la reflexión:

- ¿Qué ha pasado?
- ¿Qué plato está más lleno?
- ¿Cuál más vacío?
- ¿Por qué?

A partir de aquí, seguimos haciendo algunas preguntas más:

- ¿Cómo es nuestra ayuda hacia los demás? ¿Es cucharilla, cuchara o cucharón?
- ¿Y nuestro compromiso con los demás? ¿Qué es un compromiso cucharilla, cuchara y cucharón?

También sugiero crear con los participantes *la historia de cucharilla, cuchara y cucharón,* hay muchas posibilidades si le echamos creatividad cocinera. De todos modos, por aquí dejo yo la mía, por si os sirve:

Había una vez en el mágico reino de Cucharalandia, tres personajes muy especiales: Cucharilla, Cuchara y Cucharón. Cada uno de ellos tenía un corazón que reflejaba su nivel de compromiso y generosidad hacia los demás.

Cucharilla era conocida en todo el reino por su pequeño corazón. Aunque era amable y tenía buenas intenciones, su compromiso con los demás era limitado. Siempre se ofrecía para ayudar, pero solo un poquito. Participaba en proyectos pequeños y no se implicaba demasiado en las necesidades de los demás. A pesar de su tamaño, a Cucharilla le costaba expandir su corazón más allá de sus propias preocupaciones.

Cuchara, por otro lado, era una persona equilibrada. Su corazón se dividía de manera justa entre sí misma y los demás. Participaba activamente en la comunidad, se comprometía en proyectos importantes y siempre estaba dispuesta a brindar ayuda cuando se necesitaba. Cuchara entendía la importancia de equilibrar sus propias necesidades con las de los demás, creando así una armonía en su vida y en el reino.

Sin embargo, la historia de Cucharalandia es especial cuando conocemos a Cucharón, una persona excepcionalmente generosa. Su corazón era tan grande como su compromiso hacia los demás. Cucharón se dedicaba por completo a ayudar a su comunidad. Organizaba eventos para alimentar a familias enteras, compartía sus recursos con generosidad y siempre estaba dispuesto a ofrecer su apoyo incondicional. Su alegría al dar era contagiosa, y muchos en Cucharalandia se beneficiaban de su bondad desinteresada. Y por supuesto, Cucharón, por todo lo que daba, recibía un montón de los demás.

Un día, una gran tormenta azotó Cucharalandia, dejando a muchas familias en apuros. Cucharón, sin dudarlo, se puso a trabajar de inmediato. Organizó un esfuerzo de ayuda masiva, reuniendo a toda la comunidad para trabajar juntos en la reconstrucción. Cuchara se unió con entusiasmo, comprometiéndose a ayudar de manera significativa, mientras que Cucharilla, con su corazón limitado, también ofreció su pequeña ayuda, si bien no marcó una gran diferencia en tiempos de gran necesidad.

A medida que avanzaba la reconstrucción, la comunidad experimentó la importancia de tener corazones comprometidos como el de Cuchara y, sobre todo, la impactante generosidad de Cucharón, que animó a algunas cucharas a ser cucharones, y a muchas cucharillas a ser cucharas.

La historia de estos tres personajes, que también pueden representarnos a nosotros y nosotras, dejó una lección profunda en Cucharalandia, enseñándoles que es importante ser cucharas y, en ocasiones, es necesario ser un cucharones generosos para construir una comunidad fuerte y unida.

SEIS SOMBREROS
PARA COCINAR

Los *seis sombreros para pensar* de Edward de Bono, nos van a servir para cocinar una buena tortilla de patatas o tortilla española, por ello vamos a hablar aquí de "Seis Sombreros para Cocinar", adaptando la teoría de los seis modos de pensamiento de Bono a este objetivo. Decir, antes de nada, que Bono es un gran *chef del pensamiento creativo*, y que su libro "Seis Sombreros para Pensar"[1] es muy recomendable y forma parte de mi biblioteca básica de cocinar aprendizajes.

La dinámica consiste en sacar seis voluntarios a la escena, y darles a cada uno un sombrero junto con unas tarjetas explicativas de su papel y su punto de vista a la hora de hacer la mejor tortilla de patatas.

Les pedimos que dialoguen acerca de cómo hacer una buena tortilla de patatas, aportando cada cual su punto de vista y su fortaleza, y veremos como con todos estos

---

[1] DE BONO, E. (2019). *Seis sombreros para pensar. El bestseller mundial revisado y actualizado.* Planeta, Barcelona.

ingredientes psicosociales haremos una excelente tortilla de patata. Luego aplicaremos estas misma enseñanza para resolver otros problemas o retos en nuestra vida.

Las anotaciones que han de tener en sus tarjetas a modo de guía serían estas:

Sombrero AZUL (organización del pensamiento).

- El éxito de la receta depende de una buena planificación del trabajo
- Poner el énfasis en los pasos a seguir desde el principio. Si te saltas un paso estás perdido.
- Hay que tener todo dispuesto en orden en la cocina.
- Separar bien los ingredientes por tipos, así como los materiales necesarios.
- Las cantidades deben ser las justas y adecuadas.

Sombrero BLANCO (aportar y conseguir la información).

- Fundamental tu lista de contactos (la suegra, la vecina, un amigo cocinero) para conseguir esa receta tradicional de toda la vida.

- También informarse sobre las sartenes: tipos, tamaños, antiadherentes.
- Por supuesto, saber dónde comprar los ingredientes más baratos.
- Cuáles son los mejores ingredientes: tipos de huevos, patatas, aceite.
- Informarse bien sobre los gustos de los comensales: cuánta sal le echan a la comida, si les gusta o no la cebolla, cosas poco o muy hechas, etc.

Sombrero ROJO (emociones y sentimientos).

- Las mejores comidas son las que se hacen con cariño.
- Da las gracias a la gallina por los huevos, al olivo por el aceite...
- Reconcíliate con alguien antes de hacer la tortilla, ponte en el lugar de los invitados ¿y si tu fueras a su casa?
- Relájate y disfruta de la cocina, ponte una música agradable.
- En realidad la tortilla ¿no ha sido siempre un medio para la amistad auténtica en las excursiones colegiales o parroquiales?

Sombrero AMARILLO (pensamiento positivo y motivador).

- En realidad es muy fácil hacer una tortilla de patatas, cualquiera con tres instrucciones básicas la hace, así que fuera preocupaciones.

- Además nos va a salir muy bien porque queremos quedar bien con los comensales.
- La tortilla tiene la virtualidad de gustar a todo el mundo, es universal.
- Tenemos todo el día para hacer la tortilla, no hay prisa.
- Además la vamos a hacer en equipo, con los amigos o la familia, ¿no es estupendo colaborar?
- Sólo de pensar en comerla, se nos hace la boca agua.

Sombrero NEGRO (abogado del diablo y objeciones)

- Hay tantas clases de tortillas como cocinas, y a cada uno le gusta sólo la que hace su madre...
- Cómo dar con la tortilla adecuada: con o sin cebolla, con o sin sal, muy hecha, medio hecha o poco hecha, más o menos patata, más o menos huevo, con o sin relleno, recién hecha o cuajada del día anterior...
- Parece fácil, pero no conocemos a nadie que le haya salido bien a la primera.
- Y si los huevos tienen salmonella, pierdes a tus invitados para siempre.

- La tortilla es la imagen de España: si te sale mal, perdemos turistas.

Sombrero VERDE (pensamiento creativo e innovador)

- Hay tantas clases de tortillas (española, paisana, con chorizo, con mayonesa…) que tenemos que sorprender con algo nuevo.
- También podemos pensar en una presentación novedosa: forma, recipiente, textura…
- ¿Y si hacemos tortilla helada? ¿Bomba de tortilla? ¿Gazpacho de tortilla?…
- Un cucurucho de helado con una bola de tortilla tal vez…
- ¿Y tortilla de aceitunas? Más español todavía.

Otra versión consiste en hacer seis equipos de trabajo y darle a cada equipo uno de los sombreros con su tarjeta, de modo que elaboren la receta de la tortilla (o el plato que queramos trabajar) cada grupo enfatizando su sombrero o modo de pensar.

En cualquier caso, veremos como, cuando analizamos y proyectamos algo desde los 6 puntos de vista y modos de pensarlo, tenemos más probabilidad de éxito al forzar a nuestra mente a *salir de la zona de confort* de su modo de pensar preferido.

PIZZAS DE
VALORES HUMANOS

La pizza es uno de esos platos que da mucho juego para la diversidad de propuestas sobre *la base* de la misma masa. Se pueden trabajar muchas metáforas y dinámicas con pizzas que los participantes, agrupados en equipos, deben interpretar y personalizar: pizzas de emociones, pizzas interculturales, o pizzas de valores, como es la propuesta que aquí hago.

Realizarla es bien sencillo: llevamos al aula o sala de trabajo varios platos grandes de pizza, de plástico o madera, mejor que de porcelana o cristal. Dividiremos a los participantes en varios equipos de trabajo, uno por cada uno de los valores que vamos a trabajar, por ejemplo:

-RESPETO
-ESCUCHA
-COLABORACIÓN
-COMPAÑERISMO
-SOLIDARIDAD
-RESPONSABILIDAD

Yo suelo recomendar, si estamos trabajando con un grupo en el marco de una empresa o entidad, asociación, proyecto, utilizar para esta dinámica los valores corporativos o valores importantes de dicho proyecto o institución, porque es una manera de afianzarlos e interiorizarlos.

A cada equipo de trabajo le vamos a entregar un plato de pizza, junto con una base de pizza redonda hecha con goma-eva de color beige, o un color lo más parecido al color de la masa de pizza (naranja claro o amarillo claro también puede servir), junto con un valor asignado para trabajar de forma metafórica con ese molde.

Se trata entonces de que cada grupo haga la "pizza de su valor", teniendo en cuenta cuatro fases o partes:

-La masa madre de ese valor: ¿de qué está hecho ese valor? ¿Cuáles son sus ingredientes? ¿Cómo se elabora para que sea de buena calidad? Deben por tanto investigarlo y escribirlo sobre la base de goma eva.

-Los ingredientes de la pizza: son los que le dan su nombre y su identidad concreta. ¿Qué ingredientes son los que vamos a poner

sobre la masa madre de nuestra pizza-valor? Los ingredientes serían todos aquellos comportamientos concretos y cosas que podemos hacer para llevar ese valor a nuestra vida cotidiana. Escribiremos estos ingredientes en *posit* de colores y los pegaremos sobre la base de *goma-eva* de nuestra pizza.

-Compartimos el valor: ¿Cómo vamos a invitar a otros a que se alimenten de este valor? ¿Por qué es esencial en un menú de la vida? Aquí vamos a presentar nuestra pizza a los demás, y lo hemos de hacer con arte y con gracia, para que realmente les apetezca probarlo y alimentarse del mismo.

En definitiva, se trata de construir una metáfora gastronómica de los valores, a partir de las pizzas, y con ello alimentar a un mundo sediento de paz, hambriento de justicia, o desnutrido de solidaridad.

SEGURIDAD EN LA COCINA:
Temeroso, Cuidadoso y Temerario

Temeroso, Cuidadoso y Temerario son tres personajes que representan las tres actitudes que podemos tener ante los peligros y riesgos de cada día. Es decir, cuando hablamos de prevención de riesgos y de accidentes, no basta sólo con dictar unas normas y protocolos, o enseñar a las personas a manejar una serie de utensilios adecuadamente, a tener en cuenta su postura corporal haciendo determinadas tareas, etc. Si no intervenimos también al nivel más profundo de las actitudes, es decir, pensamientos, creencias y sentimientos, realmente no ayudamos para construir una auténtica *cultura del cuidado.*

Y esta cultura del cuidado es clave en la cocina, porque son muchos y variados los accidentes que podemos tener si no seguimos unas mínimas *normas y consejos de seguridad:* el uso de los cuchillos, una sartén con aceite hirviendo, una cazuela con agua hirviendo, sacar algo del horno, etc. Son realmente muchas las situaciones de riesgo, y por ello dedico una receta a la salud y seguridad en la cocina, y en muchas otras tareas y situaciones de la vida.

Veamos entonces los tres tipos de cocineros/as o cocinillas, según los casos, que nos podemos encontrar en las cocinas.

La *persona temerosa* no corre ningún riesgo porque su propio temor la paraliza y la disocia de sus capacidades. Se trata de un miedo irracional y paralizante, exagerado, y por tanto disfuncional. Siempre se pone en lo peor y piensa que va a pasar lo peor, se visualiza de forma frecuente teniendo percances y accidentes. De modo que sería el prototipo de cocinero/a que prefiere la comida precocinada o encargada fuera de casa.

La *persona cuidadosa,* también puede sentir cierto miedo, pero es un miedo "bueno", racional y funcional, que nos pone en estado de precaución y prevención, pero no nos paraliza ni nos disocia de nuestras capacidades, sino que nos adaptamos a las circunstancias para seguir manteniendo el cuidado propio y de los demás. Sería el cocinero/a ideal en lo que se refiere al cuidado, tanto de sí (autocuidado) como de los demás (mutuo cuidado).

La *persona temeraria* no siente ningún tipo de miedo ni respeto por los peligros y riesgos, muchas veces por la fábula personal que se cuenta así misma de que a ella nunca le pasará nada, de que es alguien especial y superdotado/a, y por tanto su comportamiento es de desafío constante al peligro, aumentando así sus probabilidades de sufrir daños en sí mismo y en otros. Otras veces por desafío a la autoridad y sus normas de seguridad, que no se cree ni respeta. Sería en este caso el cocinero/a muy confiado en sus capacidades y habilidades, que piensa que utilizar determinados utensilios, protecciones y herramientas de seguridad, es propio de cocineros/as de segunda.

Expuestos los personajes y actitudes de esta dinámica, haremos entonces un role-playing con los tres, y para ello utilizaremos unas tarjetas de rol, con el fin de darles una pista. Las tres tarjetas que representan los roles de temeroso, cuidadoso y temerario, que usarán los participantes según indico en el apartado siguiente, son estas:

Temeroso/a. Eres una persona bastante miedosa en general, te sueles poner en lo peor y piensas que va a pasar lo peor ante los riesgos y peligros: si algo puede salir mal, saldrá mal. Esta actitud temerosa te lleva a que todas las precauciones y dispositivos son pocos, es mejor siempre llevarlos por triplicado: triple mascarilla, triple guante, triple casco. Pero, si uno puede quedarse en casa o incluso en un búnker o una isla desierta hasta que pase el peligro del todo, eso es lo mejor. De todos modos el mundo es un lugar bastante inseguro en general.

Cuidadoso/a. Eres una persona en general precavida y cauta, que como todas las personas siente miedo y respeto por los riesgos, pero es un miedo funcional y bueno porque te ayuda a tomar las debidas precauciones, y también a ser inteligentemente valiente y proactivo/a, actuando siempre desde una información veraz, oficial y actualizada. Entiendes ser cuidadoso/a con uno mismo y con los demás, por ello te proteges tú para proteger también a los demás, y procuras ser embajador/a de esta protección mutua en tu entorno, recordando a otros las medidas de protección vigentes y adecuadas.

Temerario/a. Eres una persona arriesgada y valiente a la que no le importa correr riesgos, y consideras muchas de las medidas y dispositivos de protección como un estorbo y un atropello a la libertad de hacer las cosas como uno desea. Las normas siempre te parecen exageradas y excesivas, puestas por una autoridad que al final lo que quiere es controlarnos y privarnos de nuestra libertad para hacer las cosas a nuestra manera. Además, tú eres alguien con suerte a quien nunca le pasa nada, tienes como ese ángel de la guarda que siempre te cuida y protege, eres un gran experto/a en tu saber hacer. Por eso tú te arriesgas y aciertas, y haces las cosas antes y mejor que los demás. Si alguna vez te ocurre algo la culpa siempre es de los demás.

Para aplicar y facilitar esta dinámica basada en una dramatización por equipos en el aula, podemos seguir los pasos siguientes:

Paso 1. Hacemos equipos de tres personas (una persona por tarjeta), les damos las tres tarjetas y de forma aleatoria han de asignárselas (por ejemplo, cada tarjeta en un sobre cerrado, o bien boca-abajo). Ahora les pedimos que piensen en una situación / supuesto / norma de seguridad y salud, y la representen en una conversación con los tres personajes de las tarjetas, hablando entre ellos/as. Podríamos hablar, por ejemplo, de las normas de seguridad e higiene básicas en una cocina profesional: guantes, gorro, calzado antideslizante, gafas de protección para cocinar determinados alimentos, mascarilla, etc.

Paso 2. Representamos todas las situaciones en todos los equipos, y tras las mismas, haremos una lluvia de ideas con pos-it y rotuladores, exponiendo lo que suelen pensar y suelen hacer cada uno de estos tres personajes / actitudes en diversas situaciones de la vida, o en el entorno en que estemos facilitando la dinámica (la empresa, por ejemplo). Lo podemos organizar y situar en un panel grande de este modo:

Personaje / actitud	Suele DECIR...	Suele HACER...
Temeroso		
Cuidadoso		
Temerario		

Es importante destacar que *nuestro lenguaje* interno y externo (lo que pensamos y lo que decimos de forma espontánea) *suele estar alineado con nuestros comportamientos*, y por tanto, un cambio en el pensamiento, suele llevar aparejados cambios en el comportamiento o viceversa, por la propia coherencia y equilibro interno que todos tendemos a buscar.

Paso 3. Una vez realizado el panel con todos los personajes, nos vamos a centrar en CUIDADOSO/A (todos pueden ponerse en masculino y/o femenino) para elaborar el perfil o retrato robot del mismo en clave de cocinero/a (o de cualquier otro rol profesional que deseemos trabajar, como camarero/a, conductor/a, etc.), de cara a tener un referente y perfil válido para la empresa, entidad, grupo o toda la ciudadanía.

Paso 4. Si se desea, a partir de aquí se pueden elaborar diversos productos de aprendizaje a partir de los 3 personajes, como eslóganes y frases rimadas, guiones teatrales breves, o incluso productos de información y prevención dirigidos a las familias y a los niños y niñas de centros educativos en formato de cuentos, canciones, etc.

EL MENÚ EMOCIONAL
PARA EL CLIENTE:
un caso práctico de restaurante

Hace tiempo, justo antes de la pandemia, me pidieron elaborar un programa formativo para mejorar las habilidades y competencias de *atención al cliente* en un conocido restaurante de Madrid, de mucha afluencia turística, vinculado al flamenco, que de hecho ofrecía comidas y cenas junto con actuaciones de flamenco, en un emblemático edificio de Madrid.

El planteamiento que hice entonces, y que pude exponer en una entrevista allí mismo con el gerente del negocio, en la sede de la fundación vinculada al restaurante, fue utilizando una carta-menú emocional, con sus diferentes platos, en este caso 3 platos y una sobremesa-postre relacionados con los objetivos que deseaba trabajar el cliente:

PLATO 1. **Comunicación Positiva.**

El objetivo de este plato es *crear relaciones humanas positivas y nutritivas para todos.* Y estos son sus ingredientes:

- *Pensamientos* sanos versus pensamientos tóxicos.
- *Nuestras especias emocionales:* saladas, dulces, picantes, aromáticas...
- *La buena presentación:* comunicar en todos los sentidos.

PLATO 2. **Actitud Colaborativa.**

El objetivo de este plato es *cooperar unidos para ofrecer nuestra mejor receta.* Y estos son sus ingredientes:

- *Maridajes humanos*: amigable, analítico, enérgico y expresivo.
- *Ensalada de roles*: los que facilitan y los que dificultan la hospitalidad colectiva
- *Las 5 especias del compromiso en las tareas*: atención, esmero, respeto, .

PLATO 3. **Entorno Resiliente.**

El objetivo de este plato es *alimentar necesidades y restaurar el equilibrio.* Y estos son sus ingredientes:

- *Las 5 salsas de la hospitalidad:* vital, seguridad, afecto, estima y realización.
- *Infusiones psicológicas:* ideales para relajar nuestras tensiones.
- *La cuenta emocional:* ingresos y gastos psicológicos del cliente.

SOBREMESA. **Productividad Efectiva.**

El objetivo de este momento es *identificar y reforzar la mejora personal y los resultados.* Y estos son sus ingredientes:

- Repaso de todas las aplicaciones del menú emocional para elaborar un *decálogo de nuestra atención al cliente.*
- *Entrevistas individuales*: coaching para el desarrollo y crecimiento personal.

Cada participante tendrá un "cuaderno de trabajo y registro-seguimiento personal", que le servirá tanto para facilitar su aprendizaje, cuanto para aplicarlo y transferirlo a su puesto, así como diseñar su *Plan de Desarrollo Personal* y poder evaluarlo-ajustarlo en la última sesión "sobremesa".

Este era el planteamiento y les gustó bastante al dueño del negocio. Pero esta entrevista-propuesta fue en octubre de 2019, emplazándonos para hablar tras las fiestas navideñas, hacia enero o febrero del año siguiente. Y en febrero de 2020 nos llegó la pandemia por COVID 19. Desgraciadamente, el restaurante tuvo que cerrar sus puertas en mayo de 2020, anunciándolo en la prensa, tras 37 años de presencia en Madrid y de ser un referente hostelero y cultural para el turismo. Creo que, de no haber sido por el COVID 19, el programa formativo del "Menú Emocional para el Cliente" hubiese sido un gran éxito.

EL DÍA DESPUÉS DE LOS SALEROS:
caso práctico en un centro educativo

Dicen que un toque de SAL, en su justa medida, es suficiente para marcar una gran diferencia, para que una propuesta, hecha son salero, estimule y motive hasta alcanzar resultados insospechados. Y esto es lo que ocurrió cuando, en una conferencia, eché mano de mi repertorio de metáforas de cocina, con un simple salero.

Es habitual que utilice en mis conferencias *el símbolo como elemento que es capaz de sostener la atención de los participantes, al tiempo que provoca algún tipo de emoción y sobre el mismo vamos construyendo una comprensión clara* de una idea o concepto importante: atención + emoción + comprensión, todo eso puede ser capaz de generar un sencillo objeto simbólico, siempre y cuando se presente de la forma oportuna, en el momento oportuno y relacionado oportunamente con el tema que nos atañe. Igualmente cierto es que un símbolo / objeto no presentado de la forma oportuna, y poco relacionado con el tema que nos ocupa, o metido con calzador, provoca justo el efecto contrario: pérdida de la atención del público y de la credibilidad profesional del ponente.

Recuerdo mi conferencia sobre las *10 Claves para una Escuela Humanizadora* en dos colegios de Escolapias de Logroño (España), y en una de las claves, en concreto la de "Humanizar el currículo" me pareció oportuno presentar un salero aprovechando las tres letras del concepto SAL con tres palabras para poner en todo lo que hagamos: Servicio + Amor + Luz.

Tanto el símbolo de la SAL como las palabras Servicio, Amor y Luz, resuenan con fuerza en el contexto de una escuela católica, como era el caso, pero no es menos cierto que todos tenemos la experiencia de hacer algo "soso" o de hacer algo que tenga una pizca de "sabor".

La psicología positiva actual nos invita a "saborear la vida" a tener experiencias de saboreo, como una forma de *vivir con atención plena en el presente, de estar aquí y ahora cuando hay que estar.* Y todo ello, puede ser simbolizado por un salero: una vida con sabor frente a una vida sosa.

Volviendo al tema, era *una invitación al profesorado a poner esa pizca de SAL en los contenidos de su asignatura,* en aderezarlos con valores humanos relacionados con el servicio (solidaridad), con el amor (humanidad) y con la luz (verdad).

Lo cierto es que al día siguiente pude ver en twitter como en uno de los colegios, *un profesor tomó la iniciativa de comprar saleros para todos los profesores/as,* etiquetarlos con las palabras Servicio, Amor y Luz y repartirlos a todos para que los tengan en el aula, justo como les sugerí en la conferencia. No se si en el otro colegio se hizo también, posiblemente se haga por cercanía y contagio institucional, pero lo que si sé es que este tipo de ideas siempre necesita de esos MEDIADORES que las facilitan y las ponen en práctica, y aquí surgió uno de forma improvisada: ¡el pinche se cocina pedagógica se transformó en un gran Chef!

Esta es una CLAVE fundamental para sacar el mayor partido posible a la inversión en los ponentes: ¿La tenemos en cuenta? ¿En qué medida facilitamos que lo que nos cuenta un experto/a aporta valor, para que no se olvide al día siguiente?

Yo que soy consciente de ello, aprovecho la propia conferencia para lanzar de modo constante ideas y sugerencias de cosas que se pueden hacer desde el día siguiente. En esta lancé muchas, y al menos una de ellas, *el salero,* llegó a las aulas. Posiblemente también lleguen "*La pulsera todos incluidos*" o la "*Bandeja del liderazgo de servicio*" a través de otro mediador, o de una decisión tras una reunión. Pero, el caso es que llegó con fuerza el salero, *llegó lo gastro a lo neuro*, y al final los "gurús de lo gastro-neuro" van a tener su parte de razón, y es que las metáforas de cocina tienen ese valor añadido para el aprendizaje.

MASTERCHEF PEDAGÓGICO

CÉSAR GARCÍA-RINCÓN
DE CASTRO

www.cesargarciarincon.com
Madrid (1966).

Doctor en Sociología, Licenciado en Sociología Industrial y Diplomado en Trabajo Social.

Ha recibido el Premio Santillana 2000 y el Premio Experiencia Didáctica en el Área de Letras, del CDL-Madrid, ambos por un proyecto de Educación en la Solidaridad con alumnado de Bachillerato. Medalla de doctor de la Universidad Pontificia de Salamanca.

Ha publicado una treintena de libros y manuales didácticos en editoriales como Desclée, Narcea, PPC, SM, Anaya, Vicens-Vives y Prosocialia.

Conferenciante, formador y consultor a nivel nacional e internacional de proyectos educativos y pedagógicos en varias Fundaciones, Congregaciones, Empresas y Organismos Públicos.

Ha sido responsable del Departamento de Trabajo Social del Colegio Ntra. Sra. del Recuerdo (Compañía de Jesús – Madrid) desde 1990 hasta 2006. Pionero en España de la Educación Prosocial y el Servicio Social en la escuela desde un enfoque curricular.

Ha sido profesor colaborador de la Universidad Pontificia Comillas de Madrid, así como colaborador en la revista Padres y Maestros de dicha universidad. Ha sido coordinador del Curso de "Especialista Universitario en Educación para el Desarrollo Global. Investigación, Innovación y Metodologías". También es profesor colaborador en la Universidad de Andorra, dentro del Curso sobre Cooperación al Desarrollo y Voluntariado.

Consultor internacional de los Centros Educativos Compañía de María, dentro del proyecto de Educación para el Desarrollo "Identidad Cosmopolita Global, que ha diseñado y puesto en marcha en España, Francia y Colombia. Ponente en el *I Simposio Internacional de Identidad Cosmopolita Global* en Medellín y Bogotá (Colombia), en septiembre de 2016.

Responsable del área educativa y social de la Fundación Europea para el Estudio y Reflexión Ética, desde la que ha desarrollado ya un modelo educativo de Ética Social en la infancia y un modelo de Liderazgo Ético para desarrollar en las organizaciones.

Ha sido profesor colaborador en varias universidades: Centro Universitario La Salle (Aravaca – Madrid), Universidad Pontificia Comillas, Universidad de Andorra, CEU Cardenal Herrera de Valencia y Real Centro Universitario Mª Cristina de El Escorial.

Experto en dinámicas de grupo y recursos didácticos, que comparte en su canal de YouTube y en la página-blog de internet www.cocinandoaprendizajes.org

Músico y compositor profesional, especializado en canción pedagógica infantil. Creador de los populares "Emoticantos", para la educación emocional y prosocial de la infancia, que se trabajan ya en muchas escuelas y centros educativos de todo el mundo. El abril de 2018 ha formado a 50 educadores/as infantiles sobre el programa Emoticantos en la Universidad Manuel Montt de Santiago de Chile, en un Seminario organizado por la revista de psicopedagogía REPSI Chile.

Experto en Valores Humanos y Educación para el Desarrollo Humano. En mayo de 2019 ha formado a más de 150 educadores/as y responsables públicos educativos en Santo

Domingo (República Dominicana) dentro de un simposio y curso formativo organizado por la ONG ServiRD (Compañía de Jesús) en la Pontificia Universidad Católica Madre y Maestra.

En 2019 y 2020 ha desarrollado de forma innovadora y actualizada los contenidos de las 10 unidades didácticas, así como sus indicadores e instrumentos de evaluación competencial, del programa de formación del voluntariado basado en competencias "Talante Solidario" para la Fundación FADE en Murcia (España), así como el programa de entrenamiento y formación de Tutores/as para acompañar dichos procesos educativos competenciales, tanto en FADE como en otras instituciones sociales y educativas. En 2023 es coordinador de dicho programa y responsable de Innovación Social en Fundación FADE.

Creador de varios modelos pedagógicos innovadores relacionados con el área del desarrollo infantil, juvenil y profesional: liderazgo, competencias y habilidades, relaciones eficaces, gestión de conflictos, espíritu emprendedor, inteligencia emocional, inteligencias múltiples, competencias cognitivas y rutinas de pensamiento.